UNE PLAIE SOCIALE

LA BRASSERIE

PAR

ERNEST GUÉRIN

Prix : 75 centimes

PARIS

J.-B. FERREYROL, ÉDITEUR

49, RUE DE SEINE, 49

1891

UNE PLAIE SOCIALE

LA BRASSERIE

PAR

ERNEST GUÉRIN

PARIS

J.-B. FERREYROL, ÉDITEUR

49, RUE DE SEINE, 49

1891

LA BRASSERIE

I

Do quand datent les brasseries de femmes. — Ce qu'est
la brasserie.

A l'Exposition de 1867 figurèrent à quelques
sections, et particulièrement à l'exposition an-
glaise, des bars installés sur le modèle de ceux
de Londres, où le service est fait par des jeunes
filles choisies avec goût et sérieusement enfermées
dans de reluisants comptoirs d'acajou massif, sur-
montés de coupes et verres multicolores.

Cette exhibition à succès frappa l'imagination
commerciale, toujours en éveil, de quelques *spé-
culateurs* plus ou moins parisiens qui, perfection-
nant cette *industrie,* ouvrirent à Paris, avant
même la fin de l'Exposition, des *établissements,*
sous la dénomination de brasseries, où le service
fut fait par des filles qui, au lieu d'être enfermées
dans un comptoir, eurent pour principale mission
de s'asseoir à la table du client, où, tout en
poussant à la consommation, elles purent causer
d'amour.

La première de ces *maisons* fut fondée rue
Champollion (précédemment rue des Maçons-Sor-
bonne). Quoique peu passagère, obscure, mal pa-

vée et sale, cette rue fut, dès lors, très connue dans le quartier Latin.

Cette brasserie, dont le succès ne se fit pas attendre, employa d'abord sept femmes et fut connue sous la dénomination de *Brasserie des quatorze fesses*. Presque en même temps, de nombreux bouges se transformèrent en brasseries avec plus ou moins de femmes.

On rencontre aujourd'hui de ces sortes de bouges dans toute la capitale, notamment dans le quartier de l'École militaire, dans le faubourg Montmartre, mais surtout au quartier Latin, où elles font la joie des étudiants. Elles conviennent à la vie bruyante et nomade de cette jeunesse écervelée, qui leur donne un caractère pittoresque et échevelé, sans se soucier malheureusement des conséquences qu'entraîne le séjour dans ces endroits malsains.

Le mal ne s'est pas limité à Paris, mais comme une large tache d'huile pestilentielle, il s'est étendu à toutes les grandes villes de France et à beaucoup d'autres de moindre importance.

Le garçon de café à favoris ou à barbe de bouc est évidemment fort agréable à voir, mais il est compréhensible qu'on préfère regarder des donzelles vives et alertes, toujours souriantes, constamment gaies et surtout mal embouchées. Mais qu'il y a loin de ces vulgaires servantes à l'honnête fille embéguinée qui sert dans certains établissements de bouillon !

Ce qui fait le triste charme de ces maisons de malheur, c'est le huis-clos auquel elles sont soumises. Les noctambules, les noceurs aiment l'atmosphère de ces repaires à la porte close, derrière laquelle se cachent comme dans un mystère, à l'ombre des verres dépolis, les malheureuses que le vice y a enfermées jusqu'au jour où, dégradées tout à fait, elles roulent au trottoir et de là à l'hôpital.

II

Il y en a pour tous les goûts, car elles viennent de partout : des Lorraines, des Bretonnes, des Picardes, des Méridionales et des Belges.

Quel vent de malheur a bien pu les pousser jusque là ?

Le plus souvent, la paresse seule est la cause de leur dégradation.

A part quelques délaissées, qu'un amant volage a quittées, la presque totalité des filles de brasserie est composée d'ex-cuisinières, femmes de chambre, etc., qui, chassées de toutes les places à cause de leur inconduite, vont s'échouer sur les chaises d'une taverne. Des amies vicieuses ou un amant de passage ont fait miroiter à leurs yeux que là il n'y a rien à faire, qu'on boit toujours, qu'on est bien nourrie, qu'on trouve facilement un amant généreux et que les pourboires sont sérieux. Il n'en faut pas davantage pour enflammer des imaginations malades et exciter des vices qui ne demandent qu'un aliment.

Ne comptez pas trouver parmi ces filles beaucoup de Parisiennes ; ce métier là n'est pas dans leurs goûts. Quand elles ont *mal tourné*, elles changent souvent d'amant, mais la brasserie n'est pas leur fait.

La fille de brasserie reconnaît fort bien son inconduite, souvent même elle déclare que cela la dégoûte, mais elle sait fort bien s'excuser et donner à la vie qu'elle mène les motifs les plus honorables.

Quelques-unes prétendent ne travailler que pour soutenir la vieillesse de leurs vieux parents. J'en connais une qui, restée veuve, sans ressources, ne pensait qu'à élever honnêtement sa petite fille.

Celles-là ont, du moins, un but honnête ; mais quel triste moyen elles prennent pour l'atteindre ! C'est à se demander si ces femelles ont encore un atome de sens moral. Tant il est vrai que la prostitution fait de la vie de ces malheureuses une série perpétuelle de contrastes et d'illogismes.

Une brune et charmante Espagnole, aujourd'hui richement entrenue par un milord, servait, il y a quelques mois encore, dans une brasserie du quartier de l'Ecole militaire. Elle racontait que le manque de ressources seul l'avait amenée là ; mais qu'elle ne savait ce que c'est que le vice.

Il est possible qu'elle dît vrai. En ce cas, elle n'était qu'une inconsciente, comme, au reste, elles le sont presque toutes.

Généralement, elles sont pétries de mauvais instincts ; elle se laissent vivre et n'ont plus conscience du bien ni du mal.

Le plus souvent, elles ne se souviennent même pas de leur famille et se soucient fort peu de savoir si leurs parents sont morts ou vivants. Quand elles en parlent, c'est généralement en termes révoltants.

Le sentiment maternel n'existe pas plus chez elles que l'amour filial. Au reste, comme toutes les *professionnelles,* il est rare qu'elles deviennent mères. Un enfant entraverait le métier, et elles se livrent forcément, au risque d'en mourir, à toutes les pratiques abortives pour éviter ce qu'elles considèrent comme le plus grand des malheurs.

Gourmandes, adonnées à l'ivresse, menteuses, voilà ce qu'elles sont presque toujours. Elles ont cela de commun avec toutes les femmes de mauvaise vie. En outre, toujours disposées à se quereller, pour un rien, mais surtout à cause d'un amant.

Comment ne seraient-elles pas énervées, viciées dans toutes leurs fibres, moralement et physiquement, obligées qu'elles sont de rester douze heures durant dans une atmosphère empestée de bière, d'absinthe et de tabac, toujours criant, buvant, fumant?

Quand vient l'heure de la fermeture, elles ne tiennent plus debout. Leurs amants peuvent les attendre, elles n'ent ont plus souvenance, et l'on est toujours obligé d'en ramener quelqu'une en fiacre.

Si elles sont coupables, d'autres le sont plus qu'elles. Ce sont les horribles tenanciers de ces réceptacles qui ravalent le charme inhérent à toute femme à l'ignoble métier de buveuse forcée.

N'est-ce pas là la traite des blanches?

Et en quoi les patrons de ces boîtes sont-ils moins méprisables que ceux des maisons publiques?

On voit cependant des jeunes gens du meilleur monde serrer la main de ces êtres immondes, après s'être faits les paladins de la vertu, en donnant la chasse aux souteneurs de haut et bas étage.

Ces patrons-là et surtout leurs dignes compagnes sont fertiles en expédients destinés à attirer le gogo. C'est à qui trouvera le travestissement le plus excentrique, le costume le plus voyant pour habiller les filles. Il y a ainsi des *avocats*, des *bergères*, des *diablotins*, des *indiennes* de Buffalo-Bill. Le comble du genre, c'est la simple toilette de gaze transparente, qui sert de costume dans une brasserie que nous ne nommerons pas, pour ne pas lui faire de réclame.

La fille de brasserie, travestie ou non, a une

tendance marquée à faire ses confidences au client. C'est toujours l'éternelle et banale histoire de l'amour trahi.

Il s'en trouve qui ont reçu de l'éducation et qui sont instruites. Ce sont généralement les plus mal embouchées. Elles exercent une réelle influence sur leurs camarades, auxquelles elles racontent des histoires de l'autre monde et qui les écoutent bouche bée. Ce sont les reines de l'endroit, et souvent le patron les traite sur un pied d'égalité.

Ce sont là les bons moments. Mais quand arrive le client, c'est l'ingurgitation à outrance, la recherche de tous les stratagèmes pour faire boire le consommateur.

De là, bien souvent, des gros mots et quelquefois des horions qui ajoutent aux agréments du métier.

III

LES PILIERS DE BRASSERIE

L'homme marié à la brasserie. — Le potache. — L'étudiant

Entrez dans une brasserie de femmes, vous reconnaîtrez tout de suite les habitués, ceux qui connaissent les êtres de ces mauvais lieux, ceux qui savent s'y retourner et s'y mouvoir à l'aise.

Ils ont généralement le teint blafard, par l'habitude de vivre à la clarté du gaz.

Il en est de rieurs, de chahuteurs, de rêveurs.

Il y a le viveur de profession, qui dépense le plus clair de sa fortune dans les nuits d'orgie, correctement, en dilettante du vice.

Il y a le petit jeune homme, le calicot, qui s'amusent sincèrement et mangent l'argent de papa ou leur mois de travail.

Il y a le négociant en rupture de ménage, qui rit bêtement et s'enivre, avec, sur ses genoux, une fille qui le pousse à boire.

— La brasserie de femmes devrait être fermée aux hommes mariés, disait un humoriste, car ils y attrapent souvent de quoi empoisonner toute leur famille, sans compter la famille du voisin, lorsque, comme cela arrive, la femme a un amant, marié, lui aussi. Crac! les voilà tous empoisonnés.

L'homme marié qui va à la brasserie est forcément viveur, car ce n'est que pour y chercher des sensations nouvelles qu'il ne saurait se procurer avec sa femme légitime, obligé qu'il est de rester avec elle dans les bornes d'un certain respect.

Les imbéciles! Ils se figurent trouver du nouveau là où ils ne rencontrent que souillure et l'allègement de leur bourse, avec le mépris d'eux-mêmes.

Ce qui est plus déplorable encore, c'est la présence du collégien, du bon potache échappé des jupons de sa maman, dans ces asiles du vice, d'où il sort n'ayant plus rien à apprendre, vanné, la bourse plate, et quelquefois vicié jusque dans les moëlles.

Mais il a bien bu, il a fait beaucoup de tapage, il a cogné sur les tables, il a embrassé toutes les filles, et il rentre à la boîte avec des besoins qui le font rêver et l'empêchent de travailler et de réussir au bachot.

Au lieu de traduire Tacite et Sophocle, ils produisent des élucubrations amoureuses où le sentiment se mêle à l'érotisme le plus échevelé.

Celle-ci, par exemple, adressée à une fille qui peut-être ne savait pas lire :

« Tes yeux ont plus de transparence que le cris-
» tal de tes coupes : on y voit ton cœur. Tes joues

» ont plus de rubis que ton vin : elles colorent de
» leur reflet ta blanche tunique, Tes lèvres parais-
» sent teintes du sang des roses. De tes yeux cou-
» lent des ondes fraîches, comme de l'urne d'une
» Naïade. Combien se hâtent, et qui, te voyant,
» s'arrêtent! Combien passent et que tu retiens!
» Comme ta bouche, même dans le silence, sait
» appeler! Quand je te vois, la soif me prend. Je
» reste là devant toi, la coupe à la main, oubliant
» de la porter à mes lèvres ; et c'est de toi que je
» m'enivre. »

Jugez de l'inénarrable joie que peut procurer
une semblable épître à une Vénus de brasserie.

Les étudiants sont plus libres que les potaches,
aussi fréquentent-ils plus assidûment les brasseries, où ils se font remarquer par le beau tapage
qu'ils y mènent.

Ils vont y chercher, avec l'ivresse, une occasion
de faire du bruit et une femme pour s'amuser un
brin.

Le séjour prolongé en de pareils lieux est particulièrement pernicieux pour les étudiants.

Un patron de brasserie, craignant que la Faculté
ne cherchât à lui enlever une partie de sa clientèle,
eut l'ingénieuse idée d'ajouter au bas de ses prospectus :

« MM. les Étudiants trouveront chez nous des
» livres de Droit, de Science, de Médecine, ainsi
» que des Dictionnaires et tout ce qu'il faut pour
» travailler. »

La brasserie de femmes devenue salle d'études,
c'est tout à fait fin de siècle. On trouvera peut-être
un jour un patron de lupanar qui engagera des
répétiteurs *ad usum studiosæ juventutis*.

L'avenir nous réserve de belles choses, en vé-
rité, et nous verrons assurément, quand la bras-

serie aura fait place à quelque invention nouvelle, nous verrons des jurisconsultes et des magistrats, des médecins et des ingénieurs, dont les études auront eu pour sanctuaire les asiles de la débauche.

Qu'attendre d'une jeunesse qui ravale son intelligence et qui perd son temps dans les bras d'une Marion, en buvant des bocks et en sophistiquant les virus les plus morbides?

IV

Une brasserie à Montmartre. — Scandales et maladies
Cocottes et filles de brasserie

Montmartre est le coin de Paris où il y a le plus de brasseries de femmes.

« Autant de brasseries, autant de petites chapelles, dit l'auteur de *Paris oublié* »... Ce qu'on entend d'énormités dans ces « bibines », soi-disant artistiques, c'est incroyable.... Dans ces brasseries, c'est un débinage perpétuel contre tous les arrivés ; il suffit d'avoir un peu de talent pour être un propre à rien : en dehors d'eux, rien n'existe.

Et les femmes !

Elles s'étalent toujours les mêmes, fument, boivent ; la plupart sont vieilles ; elles sont les dignes pendant des croûtes qui garnissent les murs ; d'étapes en étapes, elles ont échoué dans ces sortes de caboulots, comme la baleine échoue sur la grève, et les ratés en font leurs choux gras.

Gabrielle la Vadrouille, Tarte-à-la-crème, sont les noms des égarées, échappées de Saint-Lazare, de Lourcine ou des lupanars, qui posent chaque soir pour la galerie.

Ces femmes et leurs pareilles sont expertes en l'art de ruiner matériellement et moralement les hommes.

Elles les enivrent, puis les poussent à se battre. Elles pressurent les bourses, au grand détriment des familles. Elles font manger à l'ouvrier sa paye de la semaine, à l'employé son mois, au père de famille le pain de ses enfants.

Mais le plus grave inconvénient, celui qui devrait attirer surtout l'attention de la police, c'est le cas de ces femmes non soumises à l'examen médical et qui empoisonnent toute une génération par la syphilis et toute la collection des maladies vénériennes.

Jetons un voile. Dépeindre n'est pas guérir, et c'est là surtout que la sollicitude des autorités s'impose. C'est là qu'il faut couper le mal dans sa racine.

Vous direz que la trottoireuse, la raccoleuse de la rue, est exposée à donner les mêmes maladies, tout aussi bien que la cocotte huppée, la femme entretenue, l'habituée des Folies-Bergère ou de l'Eden.

C'est vrai. Mais beaucoup de femmes du trottoir sont en carte, c'est-à-dire inscrites à la Préfecture et obligées de se présenter à la visite. Elles sont donc moins dangereuses.

Ce n'est pas que nous ayons l'intention de prendre leur défense. Elles sont tout aussi vicieuses que les filles de brasserie ; on peut les considérer comme aussi dangereuses à tous points de vue.

Si on fermait les brasseries, les filles qui les peuplent iraient au trottoir, dira-t-on. Oui, mais on les mettrait en carte, on les soumettrait à la visite, mesure qu'on devrait étendre indistinctement à toutes les femmes qui font la vie sous quelque forme que ce soit.

La santé publique y gagnerait, à défaut de la moralité. C'est là une question de salubrité, une

mesure de précaution à employer si on ne veut
que dans trois ou quatre générations, la moitié de
la France soit syphilitique.

V

LA RÉFORME DE LA BRASSERIE

Pour détruire un mal, il ne s'agit pas de réfor-
mer, — ce ne serait qu'un palliatif, — il faut couper le mal dans sa racine, c'est-à-dire le supprimer.

La Préfecture de police a pris maintes mesures
pour enrayer les inconvénients des brasseries de
femmes. C'était déjà bien, mais cela ne saurait
suffire. Réglementer le vice n'est pas l'empêcher.
Le lupanar suffit à la bête humaine. Fermez les
brasseries.

On a annoncé que, bientôt, ces asiles de la prostitution clandestine allaient recevoir leur coup de
grâce. Mais aucune mesure sérieuse n'a été prise
à cet effet, et tout reste à faire.

Qu'on ferme ces repaires de l'ivresse et de la
débauche, vous ferez crier tous les noceurs, dira-
t-on.

Un publiciste écrivait dernièrement : « Qui pour-
rait bien en être mécontent ? »

D'autres diront :

— Qui cela pourrait-il contenter ?

Mécontenter les viveurs : quel beau malheur,
vraiment ? En seront-ils moins électeurs et éligi-
bles ?

On contentera, en tout cas, les honnêtes gens,
et il nous semble que c'est bien un peu le devoir
d'un gouvernement qui se respecte.

Vous me direz aussi que cela fera de la réclame aux établissements et à leurs tenanciers sans pudeur.

Qu'ont-ils besoin de réclame? Ils ne sont que trop connus.

En tout cas, tous les griefs accumulés contre les brasseries de femmes sont bien et dûment fondés.

La morale et le bon ordre public exigent absolument que la Préfecture de police réagisse avec vigueur. A tout prix, et par tous les moyens, il faut mettre un frein à des excitations malsaines, à des dépenses exagérées, à des scènes ordurières qui cachent les plus ignobles appétits et qui favorisent l'exploitation la plus éhontée.

Si vous ne voulez pas fermer, tout au moins réglementez et tenez à ce que les règlements soient rigoureusement observés.

Le minimum des réformes désirables est, à mon avis, celui-ci :

1° Défendre sérieusement les décorations et illuminations qui rayonnent sur la voie publique, qui excitent la curiosité malsaine des flâneurs et de toute une catégorie d'individus peu recommandable, que l'on compare volontiers à certain poisson. Interdire aussi les vitres dépolies et les vitraux qui cachent l'intérieur de ces maisons d'infection, et leur donnent l'allure de maisons de tolérance ;

2° Interdire aux femmes de se tenir sur la porte et de raccoler les passants, en leur distribuant des cartes et des prospectus ;

3° Défendre aux filles de brasserie de s'asseoir à côté des clients et de boire avec eux ;

4° Les soumettre à la visite médicale à des dates fixées.

On peut être assuré que le public applaudirait à de telles réglementations, puisqu'on prétend que c'est là un mal nécessaire.

La fille de brasserie ne serait plus alors qu'une

servante, un garçon de café, comme les filles qui servent dans les bars en Angleterre.

La santé publique y gagnerait autant que la bourse des consommateurs assez sots pour fréquenter de pareils bouges.

Et votre règne serait bientôt fini, mes belles filles, qui savez si bien amonceler les soucoupes devant le client ivre, qui l'empoisonnez continuellement et l'abrutissez.

Vous n'auriez plus pour refuge que celui que vous méritez :

L'ornière ou le ruisseau.

TABLE DES MATIÈRES